Marlies Busch

Stimmungsvolle Strohsterne

AUGUSTUS

Inhalt

Gewusst wie

Die in diesem Buch abgebildeten Sterne werden aus gespaltenen Strohhalmen (Staken) hergestellt. Die Staken ordnet man in einer runden Legeform (im Bastelgeschäft erhältlich) an und fixiert sie mit dem zur Legeform gehörenden Klemmring. Zum Schluss bindet man die Staken zusammen und schneidet die Sterne in Form.

Das wird gebraucht

Möglichst gleich dicke Strohhalme
Montageset für Strohsterne (Legeform, Klemmring, Halmspalter)
spitze Schere
Faden

So wird's gemacht

Strohhalme spalten

① Damit die Strohstreifen oder Staken möglichst gleichmäßig breit werden, sucht man einige Strohhalme gleicher Dicke heraus und zieht sie durch den Halmspalter (dieser ist oft bereits im Montageset für Strohsterne zusammen mit der Legeform und dem Klemmring enthalten).

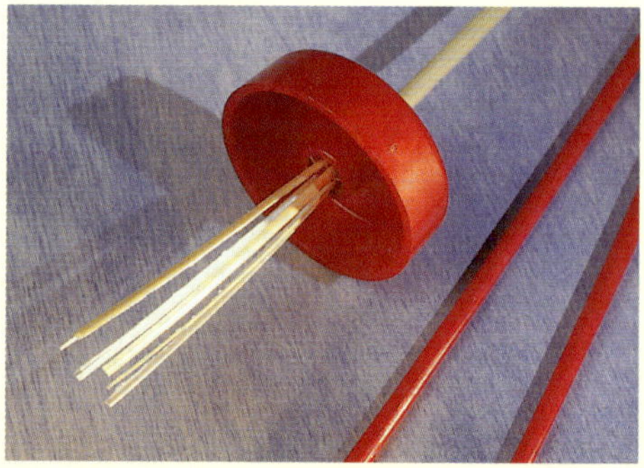

①

Staken in der Legeform anordnen

② Als Nächstes ordnet man die Halmstreifen in der Legeform an. Es gibt drei verschieden große Legeformen (die kleine hat einen Durchmesser von 4 cm, die mittelgroße von 5,5 cm und die große von 10 cm). Die jeweils erforderliche Größe ist immer in den Anleitungen zu den Strohsternen angegeben.

Der abgebildete Stern wird in der mittelgroßen Legeform gearbeitet. Es werden zwölf Staken so gelegt, dass zwischen Ein- und Ausschub jedes einzelnen Streifens immer drei Zwischenräume der Legeform frei bleiben.

②

Die meisten Sterne haben, ebenso wie der Musterstern, noch Kreuzhalme, die in jeden Zwischenraum durch die Mitte gelegt werden.

Zu jedem abgebildeten Stern im Buch gibt es eine genaue Anleitungszeichnung. Die Zeichnung für den hier vorgestellten Musterstern entspricht der Zeichnung für den »Grünen Stern« auf Seite 12.

Stern binden

③ Ist der Stern fertig gelegt, fixiert man ihn mit dem Klemmring. Dann nimmt man einen ca. 1 m langen Faden. Das kann Sticktwist sein, den man zwei-, drei- oder vierfädig verwendet, je nach Größe des Sterns, oder dünnes Baumwollgarn oder auch Goldfaden.

Bei dem hier abgebildeten Stern ragen aus jedem Zwischenraum drei Staken, die mit dem Faden auf der Rückseite zusammengebunden werden. Achten Sie darauf, dass etwa 10 cm Faden zum Verknoten und als Aufhänger übrig bleiben. Führen Sie das lange Fadenende von unten von Stakenbüschel zu Stakenbüschel und umwickeln Sie diese je zweimal. So wird fortgefahren, bis man wieder am Anfang ankommt. Dort verknotet man die beiden Fadenenden miteinander und kürzt die Fäden auf ca. 10 cm. Nun kann man den Klemmring lösen. Der Stern fällt nicht mehr auseinander.

③

Stern zurechtschneiden

④ Zuletzt werden die Sternspitzen zu verschiedenen Mustern zugeschnitten. (Siehe auch Profi-Tipp auf der Umschlaginnenseite.)

④

Klassischer Strohstern

Dieser klassische Strohstern darf am traditionell geschmückten Weihnachtsbaum auf keinen Fall fehlen.

• Tipp •

Wenn Sie für die Kreuzhalme sowie den Sticktwist eine andere Farbe verwenden und die Stakenspitzen etwas anders beschneiden, erhalten Sie eine interessante Variante zum klassischen Strohstern.

Das wird gebraucht

Kleine Legeform
ca. 10 gleich große Strohhalme in Natur
Strohhalmspalter
spitze Schere
dreifädiger Sticktwist in Natur

So wird's gemacht

Spalten Sie zunächst die Strohhalme und suchen Sie dann 18 möglichst gleich breite Halmstreifen (Staken) heraus. Zwölf davon ordnen Sie, wie in der Zeichnung dargestellt, über jeweils vier Zwischenräume in der kleinen Legeform an.

Nun legen Sie noch sechs Kreuzhalme so über die Mitte, dass aus jedem Zwischenraum drei Staken ragen.

Fixieren Sie anschließend den Stern mithilfe des Klemmrings und umwickeln Sie die Staken mit dem dreifädigen Sticktwist, wie auf Seite 4 beschrieben.

Öffnen Sie nach diesem Arbeitsgang den Klemmring und nehmen Sie den Stern vorsichtig aus der Legeform. Schneiden Sie ihn abschließend dem Bild entsprechend zurecht.

Kristallstern

Dieser Stern sieht aus wie ein Schneekristall. Er ist schnell gebastelt. Besonders auffallend sind die schräg zugeschnittenen Spitzen.

Das wird gebraucht

Kleine Legeform
ca. 10 gleich große Strohhalme in Natur
Strohhalmspalter
spitze Schere
dreifädiger Sticktwist in Lila
eventuell Holzspieße
eventuell Klebstoff

So wird's gemacht

Suchen Sie, nach dem Spalten der Strohhalme, acht gleich breite Halmstreifen (Staken) heraus und legen Sie diese, wie in der ersten Zeichnung dargestellt, in die kleine Legeform.

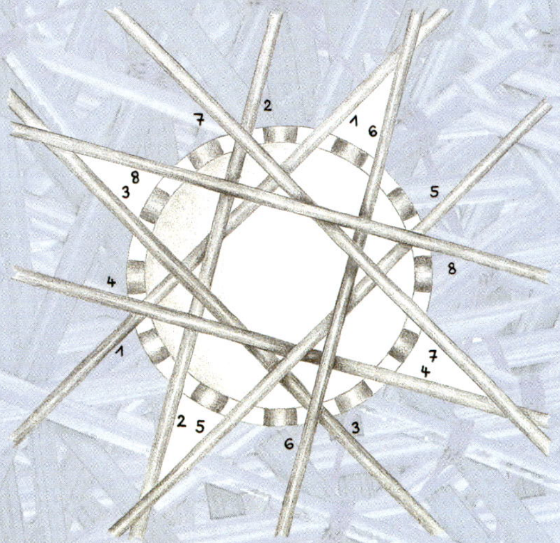

Danach ordnen Sie sechs Kreuzhalme (siehe zweite Zeichnung) so über der Mitte an, dass abwechselnd einmal drei und zweimal zwei Staken aus den Zwischenräumen herausschauen.

Fixieren Sie nun den Stern mit dem Klemmring und umwickeln Sie die Staken mit lilafarbenem dreifädigem Sticktwist, wie in der Beschreibung auf Seite 4 dargestellt.

Nachdem Sie den Stern aus der Legeform genommen haben, schneiden Sie die Spitzen, wie auf dem Bild zu sehen ist, schräg zu.

• Tipp •

Wenn Sie den Stern als Blumenstecker verwenden wollen, befestigen Sie einen Holzspieß auf der Rückseite.

Sechszackiger Stern

Dieser Stern in warmem Orangeton macht sowohl als Einzelexemplar als auch mit anderen Stücken zusammen jedes Geschenk zu einer kleinen Kostbarkeit.

Das wird gebraucht

- Mittelgroße Legeform
- ca. 10 gleich große Strohhalme in Orange
- Strohhalmspalter
- spitze Schere
- dreifädiger Sticktwist in Orange

So wird's gemacht

Legen Sie sich nach dem Spalten der Strohhalme 18 gleich breite Halmstreifen (Staken) zurecht und ordnen Sie zwölf davon über jeweils drei Zwischenräume in der mittelgroßen Legeform an (siehe Zeichnungen).

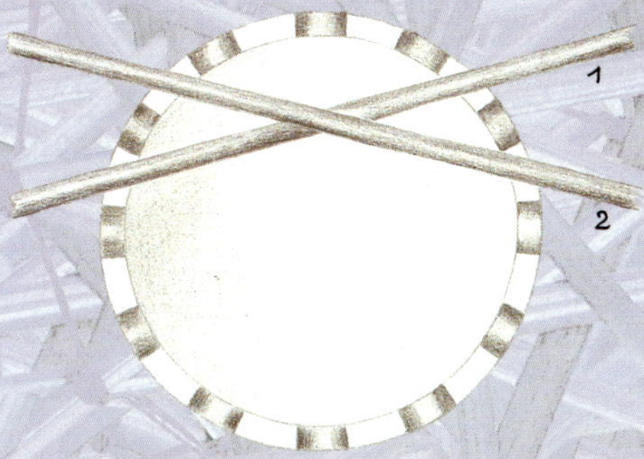

Anschließend legen Sie sechs Kreuzhalme so über die Mitte, dass in jedem Zwischenraum drei Staken zu sehen sind.

Fixieren Sie nun den Stern mit dem Klemmring und umwickeln Sie die Staken mit dem dreifädigen Sticktwist, wie auf Seite 4 beschrieben.

Grüner Stern

Dieser Stern ist eine Variante zum vorangegangenen sechszackigen Stern. Er wird nur anders beschnitten.

Das wird gebraucht

- Kleine oder mittelgroße Legeform
- ca. 10 gleich große Strohhalme in Grün
- Strohhalmspalter
- spitze Schere
- dreifädiger Sticktwist in Grün

Anschließend entfernen Sie den Klemmring und nehmen den Stern vorsichtig aus der Form.

Zum Schluss schneiden Sie den Stern nach dem Bild zurecht. Der Stern hat sechs Zacken.

So wird's gemacht

Sie benötigen 18 gleich breite Halmstreifen (Staken). Legen Sie zwölf davon jeweils über drei Zwischenräume in die kleine oder mittelgroße Legeform.

Platzieren Sie anschließend sechs Kreuzhalme so über der Mitte, dass aus je-

dem Zwischenraum drei Staken herausschauen.

Als Nächstes fixieren Sie den Stern mithilfe des Klemmrings und umwickeln jeweils drei Staken mit dem grünen dreifädigen Sticktwist (siehe hierzu auch Anleitung auf Seite 4).

Nachdem Sie den Klemmring gelöst und den Stern vorsichtig aus der Legeform genommen haben, schneiden Sie den Stern dem Bild entsprechend zu.

Gefüllter Stern

Dieser Stern wirkt durch die zweischichtige Anordnung der Halmstreifen besonders dicht. Er kann in jeder Größe gearbeitet werden.

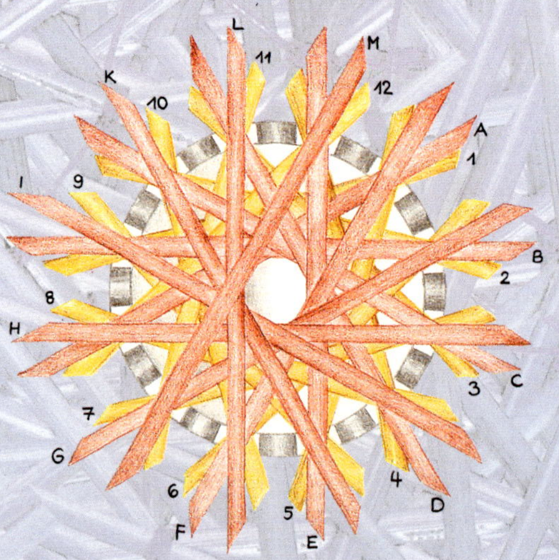

Das wird gebraucht

Beliebig große Legeform
ca. 12 gleich große Strohhalme in Natur
Strohhalmspalter
spitze Schere
dreifädiger Sticktwist in Natur oder dünne Schnur

So wird's gemacht

Legen Sie, nachdem Sie die Strohhalme gespalten haben, 24 etwa gleich breite Halmstreifen (Staken) gemäß der Zeichnung in die Legeform.

Die erste Runde (in der Zeichnung die gelben Staken 1 bis 12) wird über jeweils drei Zwischenräume gelegt, die nächste (in der Zeichnung die rosafarbenen Staken A bis M) über vier Zwischenräume.

Anschließend legen Sie noch sechs Kreuzhalme über die Mitte. Es müssen nach dem Platzieren aus jedem Zwischenraum fünf Staken herausschauen.

Fixieren Sie nun den Stern mit dem Klemmring und umwickeln Sie die Staken mit dem naturfarbenen Sticktwist oder der dünnen Schnur, so wie auf Seite 4 beschrieben.

Danach lösen Sie die Klemmvorrichtung und nehmen den Stern vorsichtig aus der Legeform.

Schneiden Sie zum Schluss die Halmspitzen dem Bild entsprechend zu.

Naturfarbener Stern ohne Kreuzhalme

Dieser extravagante Stern fällt durch seine filigrane Form auf.

Das wird gebraucht

- Kleine Legeform
- ca. 10 gleich große Strohhalme in Natur
- Strohhalmspalter
- spitze Schere
- dreifädiger Sticktwist in Sand

So wird's gemacht

Für diesen Stern benötigen Sie 24 gleich breite Halmstreifen (Staken). Sie werden in zwei Schichten in der kleinen Legeform angeordnet.

Bei der ersten Runde (in der Zeichnung gelbe Staken 1 bis 12) legen Sie die Sta-

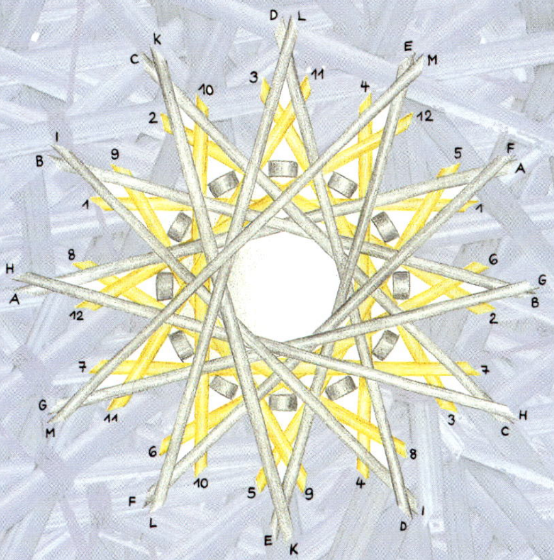

Sternenräder

Diese Sterne werden in verschiedenen Legeformen hergestellt, wobei der kleine in der mittelgroßen und der große in der kleinen Form gearbeitet wird.

Das wird gebraucht

- Kleine und mittelgroße Legeform
- ca. 10 gleich große Strohhalme in Blau
- Strohhalmspalter
- spitze Schere
- dreifädiger Sticktwist in Pink

ken so, dass jeweils zwei Zwischenräume frei bleiben. In der zweiten Runde (in der Zeichnung graue Staken A bis M) müssen immer drei Zwischenräume übersprungen werden.

Bei diesem Stern werden keine Kreuzhalme durch die Mitte gelegt.

Aus jedem Zwischenraum müssen nach dem Platzieren vier Staken herausragen.

Fixieren Sie als Nächstes den Stern mit dem Klemmring und umwickeln Sie die Staken mit dem dreifädigen Sticktwist, so wie auf Seite 4 beschrieben.

Danach öffnen Sie den Klemmring und nehmen den Stern vorsichtig aus der Legeform.

Abschließend schneiden Sie den Stern dem Bild entsprechend zu.

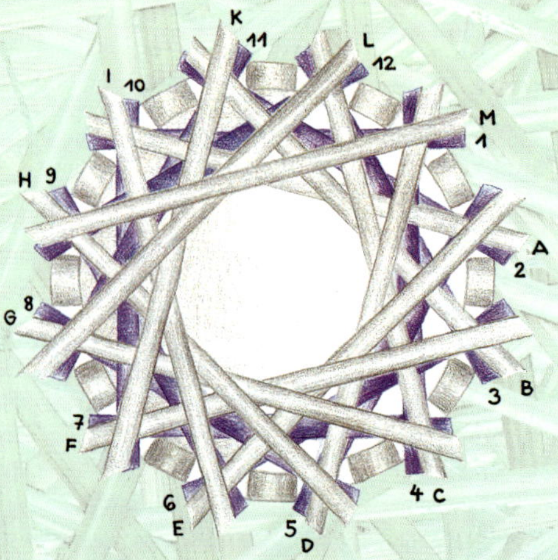

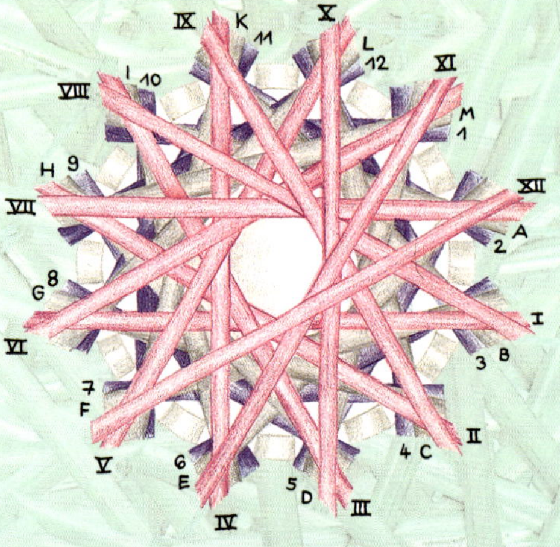

So wird's gemacht

Suchen Sie nach dem Spalten der Strohhalme 24 Halmstreifen (Staken) heraus, die möglichst die gleiche Breite haben. Ordnen Sie diese zweischichtig in der kleinen oder mittelgroßen Legeform an. Lassen Sie bei der ersten Runde (in Zeichnungen 1 und 2 blaue Staken 1 bis 12) jeweils zwei Zwischenräume aus, bei der zweiten Runde (in Zeichnungen 1 und 2 graue Staken A bis M) drei Zwischenräume.

Wenn Sie Lust haben, nehmen Sie noch zwölf weitere Staken und legen diese über jeweils vier Zwischenräume (in Zeichnung 2 rosafarbene Staken I bis XII).

Die Sterne werden ohne Kreuzhalme in der Mitte gearbeitet.

Aus jedem Zwischenraum ragen, abhängig von der Anzahl der Schichten, entweder vier oder sechs Staken.

Fixieren Sie den Stern mithilfe des Klemmrings und umwickeln Sie die Staken mit dem dreifädigen Sticktwist (siehe hierzu auch genaue Anleitung auf Seite 4).

Danach lösen Sie den Klemmring wieder und nehmen den Stern vorsichtig aus der Legeform.

Schneiden Sie den Stern abschließend zu, wie Sie es auf dem Bild sehen. Er hat keine Spitzen!

Vierzackiger Stern

Ob Sie diesen Stern einzeln an einen Tannenzweig hängen oder mehrere Exemplare davon über einen edel aussehenden Teller streuen – er verbreitet überall festliche Stimmung.

Das wird gebraucht

Kleine oder mittelgroße Legeform
ca. 10 gleich große Strohhalme in Natur
Strohhalmspalter
spitze Schere
dreifädiger Sticktwist in Natur oder Baumwollfaden

So wird's gemacht

Von den gepaltenen Strohhalmen benötigen Sie zunächst zwölf gleich breite Halmstreifen (Staken), die Sie so in der kleinen oder mittelgroßen Legeform anordnen, dass sich zwischen Ein- und Ausschub der Staken immer drei Zwischenräume befinden.

Anschließend legen Sie noch sechs Kreuzhalme so über die Mitte, dass aus jedem Zwischenraum drei Staken ragen.

Nun fixieren Sie den Klemmring in der Legeform und umwickeln die Staken, wie in der Beschreibung auf Seite 4 dargestellt, mit einem dreifädigen Sticktwist oder mit einem Baumwollfaden.

Danach lösen Sie den Klemmring und nehmen den Stern vorsichtig aus der Legeform.

Schneiden Sie den Stern nach dem Bild so zu, dass die vier Zacken deutlich zu erkennen sind.

Großer sechszackiger Stern

Dieser Stern ist ein schönes Einzelstück und wirkt am besten auf einem Geschenk oder am Fenster.

Das wird gebraucht

Große Legeform
ca. 10 möglichst dicke Strohhalme in Natur
Strohhalmspalter
spitze Schere
vierfädiger Sticktwist in Bordeaux

So wird's gemacht

Nehmen Sie nach dem Spalten 18 möglichst gleich breite Halmstreifen (Staken) und ordnen Sie diese im Uhrzeigersinn in folgender Reihenfolge in der Legeform an: Von einem erhabenen Zwischenraum aus drei Staken (in Zeichnung Nr. 1 bis 3) über zwei, drei und vier erhabene Zwischenräume legen. Nun lassen Sie einen erhabenen Zwischenraum frei. Vom darauf folgenden erhabenen Zwischenraum aus legen Sie wieder drei Staken (in Zeichnung Nr. 4 bis 6) über zwei, drei und vier erhabene Zwischenräume usw.

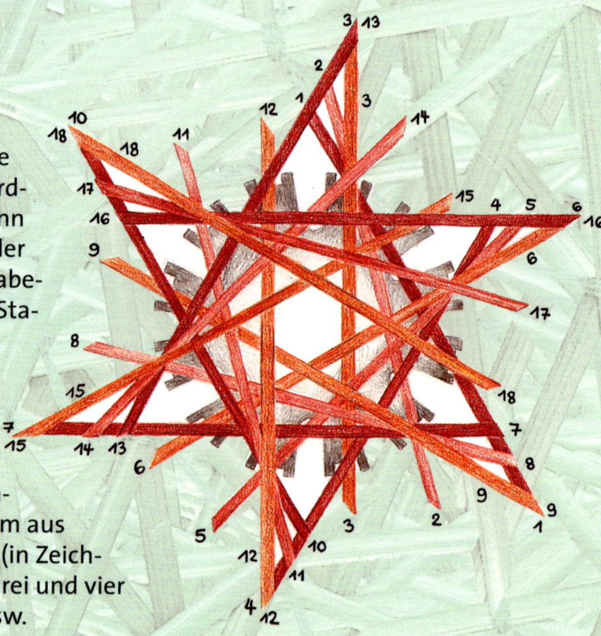

Dieser Stern hat keine Kreuzhalme. Nach dem Platzieren aller 18 Staken ragen aus jedem erhabenen Zwischenraum abwechselnd vier und zwei Staken.

Fixieren Sie den Stern anschließend mit dem Klemmring in der Legeform und umwickeln Sie mit dem vierfädigen Sticktwist die Staken, so wie auf Seite 4 beschrieben.

Zum Schluss nehmen Sie nach dem Lösen des Klemmrings den Stern vorsichtig aus der Legeform und schneiden die Stakenspitzen dem Bild entsprechend zu.

Großer Stern in Natur

Ein Stern, der einfach herzustellen, aber sehr wirkungsvoll ist. Er wurde in der großen Legeform gearbeitet.

Das wird gebraucht

Große Legeform
ca. 10 gleich große, möglichst breite Strohhalme in Natur
Strohhalmspalter
spitze Schere
vierfädiger Sticktwist in Grau

Sonnensterne

Diese Sterne sehen aus wie kleine Sonnen. Sie haben zwar eine sehr außergewöhnliche Form, sind aber nicht schwer in der Herstellung.

Das wird gebraucht

- Kleine oder mittelgroße Legeform
- ca. 10 gleich große Strohhalme in Gelb
- Strohhalmspalter
- spitze Schere
- dreifädiger Sticktwist in Gelb

So wird's gemacht

Spalten Sie zunächst die Strohhalme. Sie benötigen für diesen Stern 30 möglichst breite Halmstreifen (Staken). 24 davon werden in den erhabenen Zwischenräumen der Legeform entsprechend der Zeichnung angeordnet.

Anschließend legen Sie noch sechs Kreuzhalme in die frei gebliebenen tieferen Zwischenräume, so dass zwölf Fünferbündel entstehen.

Nun stecken Sie den Klemmring auf und umwickeln die Staken mit dem vierfädigen Sticktwist. (Siehe hierzu auch Anleitung auf Seite 4.)

Wenn Sie den Klemmring gelöst und den Stern vorsichtig aus der Legeform genommen haben, schneiden Sie die Stakenspitzen dem Bild entsprechend zu.

So wird's gemacht

Suchen Sie sich nach dem Spalten der Strohhalme 18 gleich breite Halmstreifen (Staken) heraus. Legen Sie drei davon (in Zeichnung Nr. 1 bis 3) über vier, drei und zwei Zwischenräume. Dann

lassen Sie einen Zwischenraum aus und legen die nächsten Staken (in Zeichnung Nr. 4 bis 6) wieder über vier, drei und zwei Zwischenräume. Fahren Sie so fort, bis alle 18 Staken aufgebraucht sind.

Bei diesen Sternen werden keine Kreuzhalme verwendet.

Wenn Sie die Staken richtig platziert haben, erscheinen in den Zwischenräumen immer abwechselnd vier und zwei Staken.

Fixieren Sie als Nächstes den Klemmring in der Legeform und umwickeln Sie die Staken mit dem dreifädigen Sticktwist (siehe Anleitung auf Seite 4).

Anschließend nehmen Sie den Stern vorsichtig aus der Legeform und schneiden die Stakenspitzen dem Bild entsprechend zu.

Sternenkunterbunt

Diese farbigen Sterne stimmen auf ein fröhliches Weihnachten ein und verschönern jeden Weihnachtsbaum, jede Einladungskarte und jedes Geschenk.

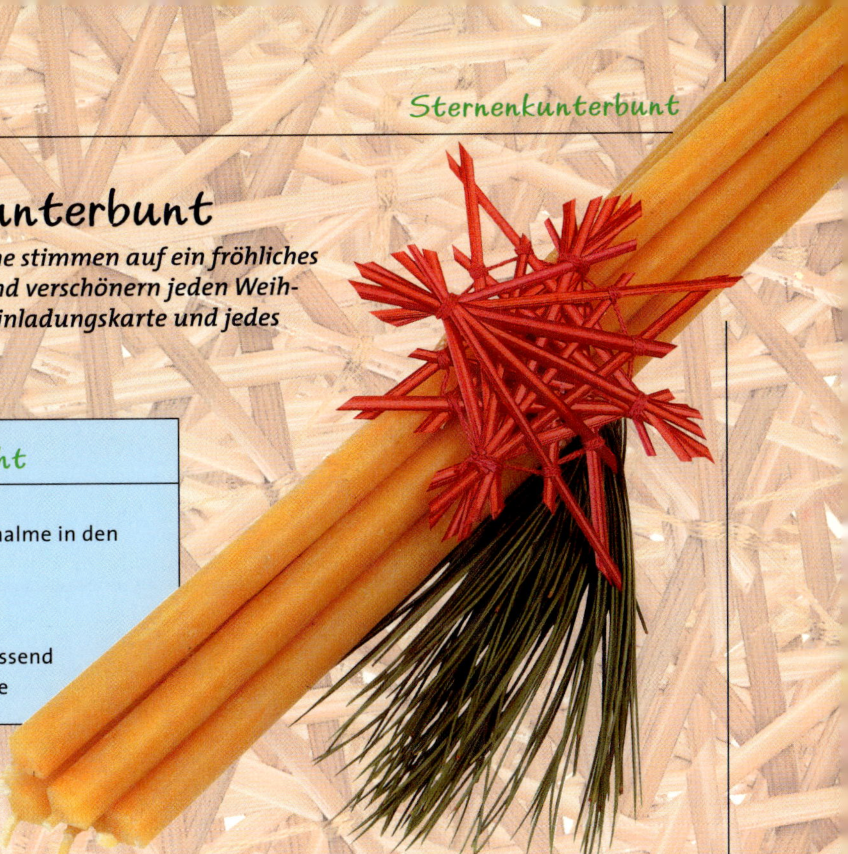

Das wird gebraucht

Kleine Legeform
ca. 10 gleich große Strohhalme in den gewünschten Farben
Strohhalmspalter
spitze Schere
dreifädiger Sticktwist, passend zu den Farben der Sterne

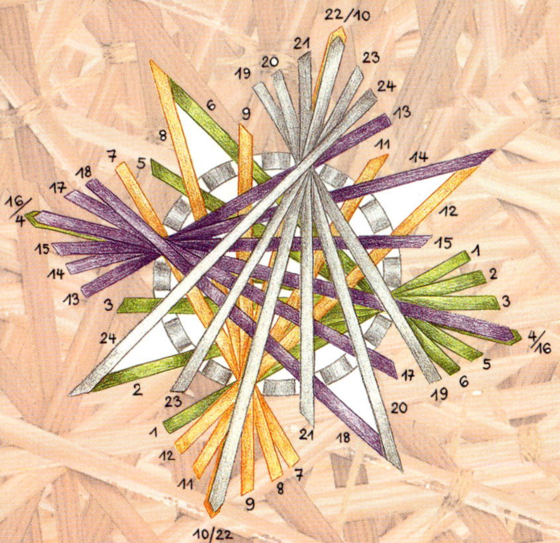

So wird's gemacht

Nachdem Sie die Strohhalme gespalten haben, legen Sie 24 Halmstreifen (Staken) gleicher Breite folgendermaßen in die kleine Legeform: Platzieren Sie jeweils von einem Zwischenraum aus sechs Staken über zwei, drei, vier, fünf, sechs und sieben Zwischenräume und lassen Sie dann zwei Zwischenräume aus. Diesen Ablauf noch dreimal wiederholen.

Es gibt bei diesen Sternen keine Kreuzhalme. Aus den Zwischenräumen ragen abwechselnd zweimal zwei und einmal acht Staken.

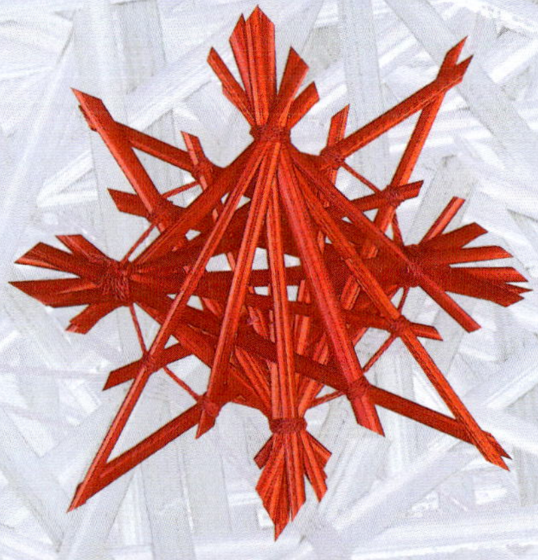

Fixieren Sie als Nächstes den Stern mit dem Klemmring und umwickeln Sie die Staken mit dem farblich passenden Sticktwist, so wie auf Seite 4 beschrieben.

Anschließend öffnen Sie die Klemmvorrichtung und nehmen den Stern vorsichtig aus der Legeform. Beschneiden Sie die Staken dem Bild entsprechend.

Eckenstern

Das Besondere an diesem Stern sind die vier langen Strahlen und die im Inneren deutlich erkennbaren Vierecke. Seine Herstellung erfordert ein bisschen Geschick.

Das wird gebraucht

Kleine Legeform
ca. 10 gleich dicke Strohhalme in verschiedenen Rot- und Rosttönen
Strohhalmspalter
spitze Schere
dreifädiger Sticktwist, passend zu den Farben der Strohhalme

So wird's gemacht

Spalten Sie die Strohhalme und suchen Sie sich zwölf möglichst gleich breite Halmstreifen (Staken) heraus. Diese legen Sie der Zeichnung entsprechend in die kleine Legeform.

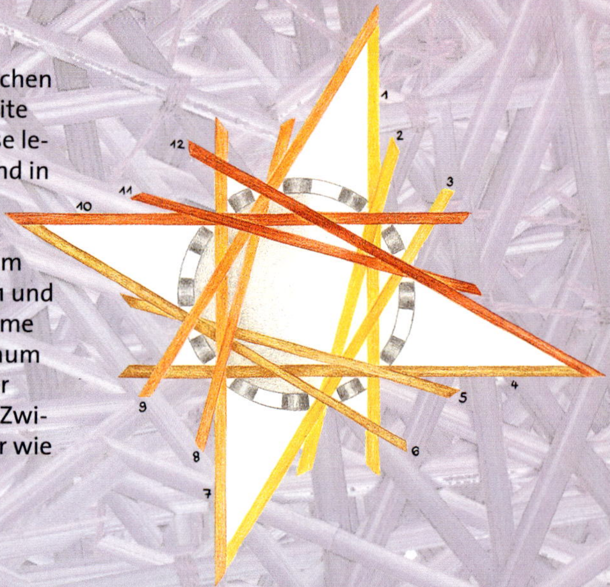

Das heißt, von einem Zwischenraum aus zwei Staken (in Zeichnung Nr. 1 und 2) über zwei und drei Zwischenräume und aus dem nächsten Zwischenraum eine Stake (in Zeichnung Nr. 3) über zwei Zwischenräume legen. Einen Zwischenraum auslassen, dann wieder wie bei Stake 1 von vorn beginnen.

Anschließend legen Sie noch vier Kreuzhalme so durch die Mitte, dass schließlich aus den Zwischenräumen abwechselnd jeweils zweimal vier und einmal keine Staken ragen.

Fixieren Sie als Nächstes den Stern mit dem Klemmring und umwickeln Sie die Staken mit dem farblich passenden Sticktwist, so wie auf Seite 4 beschrieben.

Danach lösen Sie den Klemmring wieder und nehmen den Stern vorsichtig aus der Legeform. Beim Beschneiden der Spitzen richten Sie sich nach dem Bild.